Die Geschichte von Hase und Igel

Die Geschichte von
Hase und Igel

nacherzählt von Willi Fährmann
mit Bildern von Martina Mair

Hase und Igel®

Zu diesem Buch ist Unterrichtsmaterial mit Kopiervorlagen
im Hase und Igel Verlag erschienen (Best.-Nr. 6047-2).

Die Schreibweise folgt den Regeln der neuen Rechtschreibung.
Lektorat: Patrik Eis

Druck: Neografia, Martin/Slowakei
Best.-Nr. 5047-7 (broschierte Ausgabe)
Best.-Nr. 5110-4 (gebundene Ausgabe)

4 5 6 7 08 07 06 05 04

Hat diese Geschichte
sich wirklich zugetragen?
Niemand weiß das so richtig.
Aber wahr ist sie doch.

Es war an einem Sonntag
im Herbst.
Der Buchweizen blühte.
Die Sonne ging auf.

Ein warmer Morgenwind
wehte über die Stoppelfelder.
Hoch oben in der Luft
sangen die Lerchen.
Die Bienen summten,
und die Leute gingen
in ihren Sonntagskleidern
zur Kirche.
Alle waren vergnügt,
und der Igel auch.

Der Igel stand vor seiner Tür.
Er hatte die Arme untergeschlagen,
schaute zum Himmel hinauf
und summte ein Liedchen.
Er sang gut oder schlecht,
wie eben ein Igel
am Sonntag singen mag.

Da fiel ihm auf einmal ein,
er könnte auch
einen kleinen Spaziergang machen.
Er wollte nachschauen,
ob die Möhren im Feld
gut gewachsen waren.

Der Acker lag nicht weit
von seinem Haus.
Oft aß die Igelfamilie
von den Möhren.

Gesagt, getan.
Der Igel schlug die Haustür
hinter sich zu
und machte sich auf den Weg.

Er war noch nicht weit gekommen,
als der Hase ihm begegnete.

Der ging auch spazieren
und wollte
nach seinem Kohl sehen.

Freundlich sagte der Igel
zum Hasen:
„Guten Morgen."

Der Hase aber
war vornehm und hochnäsig.

Er antwortete dem Igel nicht
auf seinen Gruß.
Er sagte:
„Wie kommt es,
dass du schon am frühen Morgen
im Feld herumläufst?“

Der Igel antwortete:
„Ich gehe spazieren.“

Da lachte der Hase
und sagte:
„Du gehst spazieren?
Ich meine,
du könntest deine Beine
besser anders gebrauchen.“

Das ärgerte den Igel.
Auf seine Beine
ließ er nichts kommen,
auch wenn sie von Natur aus
krumm waren.

Der Igel fragte:
„Was bildest du dir ein?
Meinst du etwa,
du könntest mit deinen Beinen
schneller laufen als ich?“

Der Hase antwortete:
„Das denke ich doch wohl.“

„Das kommt auf einen Versuch an“,
sagte der Igel.
„Lass uns um die Wette laufen.
Dann wirst du es sehen,
ich bin schneller als du.“

Der Hase sagte darauf:
„Das ist ja zum Lachen.
Du mit deinen krummen,
kurzen Beinchen.

Doch meinetwegen.
Aber was gilt die Wette?
Was bekommt der,
der das Rennen gewinnt?“

Der Igel sagte:
„Der bekommt ein Goldstück
und eine Flasche Branntwein.“

Der Hase sprach:
„Ich bin einverstanden.
Gib mir die Hand darauf.
Es kann sofort losgehen."

„Nicht so eilig", sagte der Igel.
„Ich muss erst mal frühstücken.
Aber in einer halben Stunde
bin ich wieder hier."
Der Hase war damit zufrieden.

Der Igel ging nach Hause.

Er dachte:
Der Hase verlässt sich
auf seine langen Beine.
Ich will es ihm schon zeigen.
Er kommt sich
sehr vornehm vor.
Aber ein dummer Kerl
ist er doch.

Der Igel kam zu Hause an.

Er sprach zu seiner Frau:
„Zieh dich schnell an.
Du musst mit mir
ins Feld hinaus.“

Die Frau fragte:
„Was ist denn los?“

„Ich will mit dem Hasen
um die Wette laufen, liebe Frau.
Wer verliert,
der muss dem Sieger
ein Goldstück und eine Flasche
Branntwein geben.“

Die Frau begann zu jammern.
„Ach du lieber Gott, Mann!“,
rief sie.
„Hast du denn
deinen Verstand verloren?
Wie kannst du
gegen den Hasen
einen Wettlauf gewinnen?“

„Rede nicht“,
antwortete der Igel.
„Lass mich nur machen.
Zieh dich an und komm mit.“
Was blieb der Frau
anderes übrig?
Sie folgte dem Igel.

Als sie auf dem Weg waren,
sagte der Igel zu ihr:
„Ich will es dir erklären, Frau.
Wir werden
auf einem langen Acker
um die Wette laufen.
In der einen Furche
läuft der Hase.
Ich laufe in der anderen.
Oben am Ende des Feldes
geht es los.

Du musst nichts weiter tun,
als dich hier unten
in die Furche zu stellen.
Wenn der Hase
dann ankommt,
rufst du
ihm entgegen:
‚Ich bin schon hier!' "

Schon waren die beiden
am Acker angekommen.
Der Igel zeigte der Frau
ihren Platz.

Er selbst ging
zum anderen Ende des Feldes.
Dort wartete der Hase
bereits auf ihn.

Er fragte:
„Nun, kann es endlich losgehen?“

Der Igel antwortete:
„Ja, wenn du willst, dann mal los.“

Jeder stellte sich in seine Furche.
Der Hase zählte:
„Eins, zwei, drei – los!“
Er rannte
so schnell wie der Wind.

Der Igel aber
lief nur drei Schritte.
Dann duckte er sich
tief in die Furche.
Dort blieb er ruhig sitzen.

Der Hase kam in vollem Lauf
unten am Acker an.
Da rief ihm die Frau des Igels
entgegen:
„Ich bin schon hier!"

Der Hase stutzte
und wunderte sich sehr.

Er dachte, es wäre der Igel selbst,
der ihm da zurief.
Denn bekanntlich
sieht die Frau des Igels
genauso aus wie ihr Mann.
Das geht nicht
mit rechten Dingen zu,
dachte der Hase.

Er rief:
„Noch einmal gelaufen, los!“
Fort ging es wie der Wind.
Die Ohren flogen dem Hasen
nur so um den Kopf herum.

Die Frau aber blieb ruhig
an ihrem Platz.

Der Hase kam oben
am Acker an.
Der Igel rief ihm entgegen:
„Ich bin schon hier!“
Der Hase geriet ganz außer sich
vor Ärger.

Er schrie:
„Noch einmal gelaufen, los!“

„Von mir aus“,
antwortete der Igel.
„Von mir aus laufen wir,
sooft du willst.“

So rannte der Hase
dreiundsiebzig Mal.

Der Igel jedoch
gewann immer.

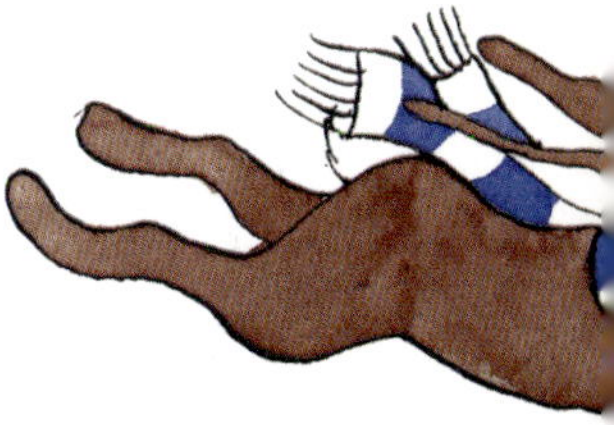

Jedes Mal,
wenn der Hase ankam,
riefen der Igel
oder seine Frau:
„Ich bin schon hier!“

Beim vierundsiebzigsten Mal aber
erreichte der Hase
sein Ziel nicht mehr.

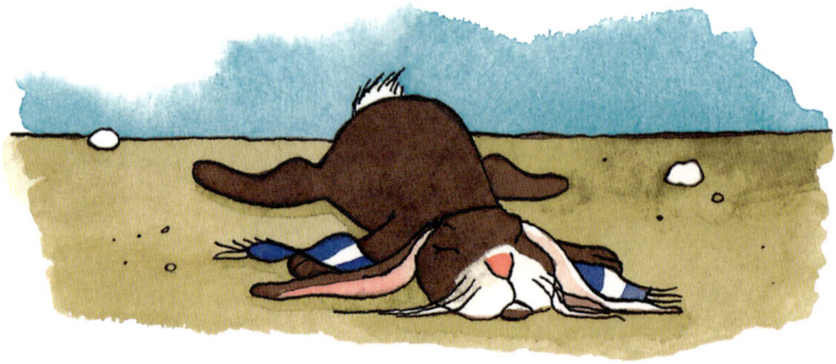

Er stürzte mitten auf dem Acker
wie tot zu Boden.

Als er wieder zu sich kam,
schlich er sich davon.

Der Igel nahm nun
das Goldstück
und die Flasche Branntwein.
Er rief seine Frau.
Sie gingen vergnügt nach Hause.

Und wenn sie
nicht gestorben sind,
dann leben sie noch heute.